# HOT KAMA SUTRA

# HOT KAMA SUTRA

SOLAR

ÉDITION ORIGINALE
Titre original : *The Pocket Kama Sutra*
Projet et réalisation de Duncan Baird Publishers

Première édition : 2006


ÉDITION FRANÇAISE


Adaptation et réalisation : Agence Media
Traduction : Héloïse Hautemanière
Couverture : Julia Philipps

ISBN : 978-2-263-04423-6
Code éditeur : S04423

Dépôt légal : septembre 2007
Imprimé en Chine

Si vous souhaitez recevoir notre catalogue et être tenu au courant de nos publications, envoyez-nous vos nom et adresse, en citant ce livre et en précisant les domaines qui vous intéressent.

Éditions SOLAR
12, avenue d'Italie - 75013 Paris
www.solar.tm.fr

NOTE DE L'ÉDITEUR :
L'éditeur, l'auteur et le photographe ne sont en aucun cas responsables de toute blessure ou dommage encourus en suivant les conseils contenus dans cet ouvrage, ou en utilisant une technique quelconque décrite ou mentionnée ici. Si vous avez des problèmes de santé ou des troubles particuliers, il est recommandé de consulter votre médecin avant de suivre les pratiques expliquées dans cet ouvrage. Certains conseils préconisant d'utiliser une huile de massage ; abstenez-vous toutefois d'en employer si vous vous servez d'un préservatif : l'huile endommage le latex.

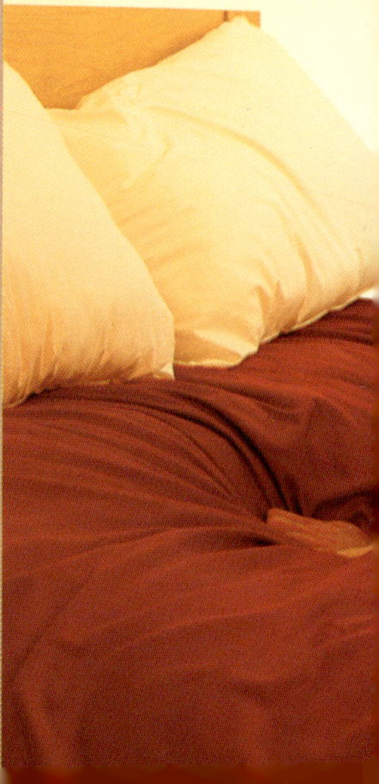

# Sommaire

# Introduction

À la simple mention des mots *Kama Sutra*, et sans même l'avoir lu ou consulté, la plupart d'entre nous pensent à des positions sexuelles audacieuses et à des techniques érotiques sophistiquées, issues de la tradition indienne. Certes, le *Kama Sutra* est un recueil de conseils pour les amants, mais la plus grande leçon que l'on tire de ces pages est que le sexe demeure un rapport particulier qu'il ne faut pas négliger. Au lieu de réduire l'échange amoureux à un court intermède précédant le sommeil, à l'heure où l'on est rompu de fatigue, le *Kama Sutra* érige l'acte sexuel en un véritable rituel. L'amour ne se réduit pas à des gestes érotiques : dans l'Inde traditionnelle, l'union entre l'homme et la femme, le contact charnel entre deux êtres, sont empreints de respect, de communion et d'harmonie.

## QU'EST-CE QUE LE *KAMA SUTRA* ?

Le *Kama Sutra* est attribué au brahmane Mallanaga Vatsyayana, qui reprit et compila des enseignements de textes plus anciens. Rédigé en sanskrit à la fin du IV^e siècle, ce recueil d'aphorismes (sutras) évoque le désir sexuel et le plaisir (Kama, dieu hindou de l'Amour).

Contrairement à ce que l'on croit, un seul des sept livres qui composent le *Kama Sutra* est consacré spécifiquement au sexe. Il s'agit avant tout d'un manuel d'éducation, dont chaque instruction dessine une esthétique du plaisir. Guide du savoir-faire amoureux et de la séduction, le *Kama Sutra* magnifie l'acte sexuel : l'érotisme est présent dans la spiritualité et la culture indiennes, l'art du plaisir est un héritage.

Le *Kama Sutra* est resté inconnu en Occident jusqu'en 1883. Les Anglais Sir Richard Burton et Forster Arbuthnot en furent les premiers traducteurs. Publier des livres érotiques était hautement controversé dans l'Angleterre victorienne, c'est pourquoi les deux hommes créèrent leur propre maison d'édition, la *Victorian Kama Shastra Society*. Les lecteurs (des érudits et des hommes de l'élite sociale ayant un goût pour l'érotisme) achetèrent le livre par souscription privée. Dans les années 1960, la révolution sexuelle et la mode des objets indiens ont contribué à sortir de l'oubli la version anglaise du *Kama Sutra*. Le texte, célébré pour son authenticité, fut alors publié officiellement en Angleterre et aux États-Unis en 1962.

### *L'ANANGA RANGA* ET *LE JARDIN PARFUMÉ*

La *Kama Shastra Society* a également publié deux autres textes érotiques venant d'Orient : l'*Ananga Ranga* et *Le Jardin parfumé*.

Alors que le *Kama Sutra* est destiné aux amants, l'*Ananga Ranga*, écrit en Inde au XVIe siècle par Kalyana Malla, interpelle les hommes mariés. Ce traité hindou d'érotologie leur apprend à pimenter leurs relations intimes avec leurs épouses grâce à des méthodes d'exploration du corps de la femme.

*Le Jardin parfumé*, traité arabe rédigé au XVIe siècle, s'adresse aux hommes comme aux femmes. Le livre du cheikh Nefzaoui dévoile les mystères du corps féminin, le « jardin parfumé », sorte de paradis terrestre aux plaisirs cachés. Ce manuel, plus poétique que les deux autres, envisage l'érotisme de façon didactique et ludique dans une langue raffinée, et propose diverses positions, préparations aromatiques, recettes aphrodisiaques... enrichies d'anecdotes singulières et réjouissantes.

## LE *HOT KAMA SUTRA*

Cet ouvrage associe la sagesse de Vatsyayana, de Malla et de Nefzaoui, en y ajoutant une perspective moderne. Il s'agit ici de considérer l'acte sexuel comme une expérience impliquant l'être tout entier, et pas seulement les organes génitaux.

Le livre se compose de quatre chapitres intitulés « Lent et spirituel », « Rapide et passionné », « Profond et érotique », « Aventureux et excitant ». Chacun d'eux inclut une sélection de positions issues du *Kama Sutra*, de l'*Ananga Ranga* et du *Jardin parfumé* (désignées par un nombre ordinal). L'ensemble offre 52 positions, de quoi varier les plaisirs chaque semaine pendant un an. Les pratiques décrites sont pour la plupart réalisables par tous.

Dans le premier chapitre, vous verrez comment devenir plus intimes grâce à des gestes affectueux et un corps-à-corps charnel. Le deuxième chapitre est idéal pour un rapport sexuel impulsif et spontané. Dans le troisième chapitre, les positions favorisent une pénétration profonde, tandis que, dans le quatrième chapitre, elles sont plus aventureuses et demandent aux partenaires d'être créatifs.

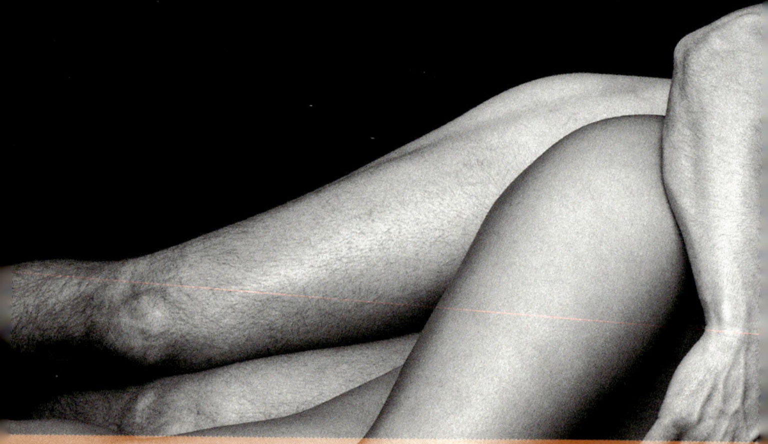

L'Alignement parfait • L'Union du chat • La grande Ouverture • L'Union du crabe • L'Union du tigre • Les Jumeaux • L'Étreinte des cuisses • La Position transversale • La Roue du Kama • Les Rameurs • Le Nœud • La Position contraire • Première position • Cinquième position • Huitième position • La Tortue • L'Union du boa • Onzième position

# Lent et spirituel

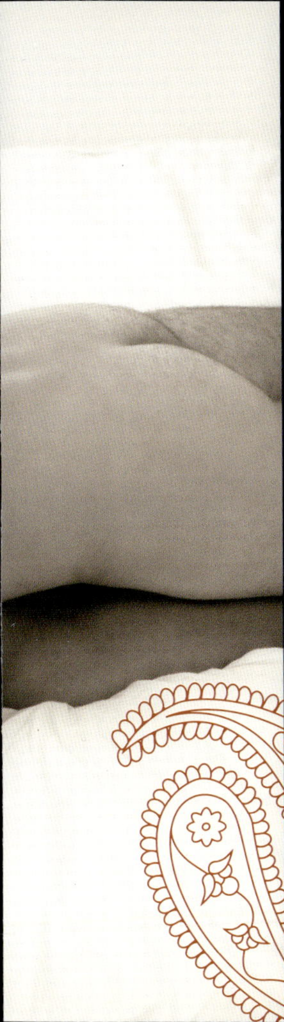

# 01

# L'Alignement parfait

Dans la position classique de l'*Alignement parfait*, la femme est étendue sur le dos, les jambes ouvertes, et l'homme s'allonge sur elle pour la pénétrer. C'est une position idéale pour rester l'un contre l'autre, avant ou après le coït, et savourer lentement le plaisir de ce rapport intime. Être ainsi au début de l'échange sexuel permet de faire monter le désir. Le moment est favorable pour regarder intensément son partenaire dans les yeux, ou échanger un baiser long et passionné. La femme peut encore augmenter son excitation en contractant les muscles de son vagin autour du pénis.

# 02
# L'Union du chat

Chacun est étendu sur le côté. Vatsyayana précise que l'homme devrait toujours reposer sur son flanc gauche et la femme sur son flanc droit. Ils peuvent passer de l'*Alignement parfait* à l'*Union du chat* en basculant sur le côté, bien que cela soit plus facile dans le sens inverse. Cette position

permet de bénéficier d'un contact subtil entre les organes génitaux, plutôt que d'une poussée profonde et vigoureuse. Aucun des partenaires ne domine l'autre, ils peuvent ainsi se regarder profondément dans les yeux, s'étreindre, s'embrasser ou se murmurer des mots doux.

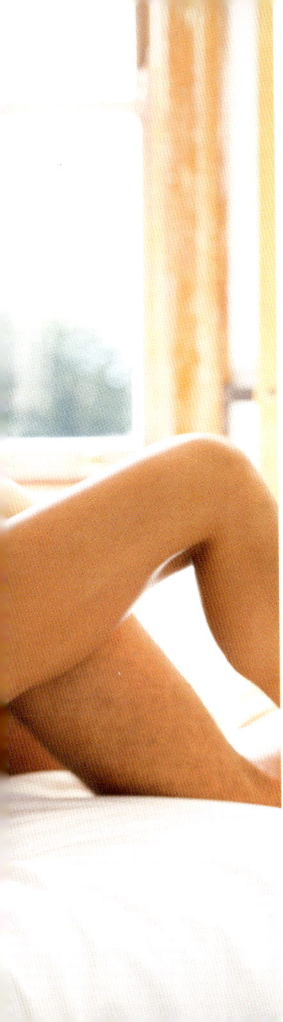



# 03

## La grande Ouverture

L'homme se place au-dessus de sa partenaire et la pénètre. Celle-ci plie ensuite les genoux et soulève le bassin. Il peut alors pousser en elle ou rester immobile, tandis qu'elle bouge de haut en bas. Même si elle ne peut être tenue très longtemps, cette position sensuelle constitue une transition. Elle permet à l'homme de sentir le corps de la femme venir à sa rencontre.

# L'Union du crabe

## 04

Allongée sur le dos, la femme replie les cuisses contre son buste. L'homme s'agenouille devant elle et la pénètre. S'il se tient fermement à ses genoux, elle peut relâcher ses jambes et se laisser aller totalement.

# Explorer les sens

Le *Kama Sutra* invite à utiliser les cinq sens dans le prélude à l'amour. La « chambre des plaisirs » doit exhaler un parfum doux et subtil, et les amants peuvent écouter ou jouer de la musique, et se parler, en consommant boissons et nourriture. Puis, lorsque le désir monte, ils s'approchent l'un de l'autre, s'embrassent et se caressent.

Il est important de préparer la pièce comme si vous faisiez l'amour pour la première fois : chaque détail compte.

goûter cher

Pensez à la couleur et à la texture des draps, à la lumière et à l'ambiance sonore. Faites brûler de l'encens ou des huiles essentielles. Placez près du lit une coupe avec des morceaux de mangue et d'orange à déguster avant de donner un baiser. Pendant l'échange amoureux, utilisez chacun de vos sens : soyez attentifs à la sensation des caresses, mais n'oubliez pas le plaisir des yeux, du goût, de l'ouïe et de l'odorat.

# 05

## L'Union du tigre

**Les partenaires se placent dans l'*Alignement parfait* (voir p. 14-15), puis la femme plie ses genoux et enserre le corps de l'homme avec ses cuisses. Elle peut reposer ses mollets contre le bas du dos de son compagnon et croiser les chevilles. Cette position augmente la fusion en donnant le sentiment d'être enlacés plus intensément.**

# 06

## Les Jumeaux

L'homme s'allonge au-dessus de sa partenaire et la pénètre. La femme enroule une jambe autour de sa cuisse (cette position peut aussi se pratiquer debout, voir p. 60-61). Cette étreinte permet à la femme d'exercer un meilleur contrôle sur le coït, car elle peut ainsi faire pression et pousser l'homme d'avant en arrière. Si elle est suffisamment souple, elle peut utiliser son talon pour masser les fesses de son partenaire ou appuyer sur son périnée (entre l'anus et le pénis) ; grâce à ce contact, l'homme peut avoir un orgasme rapide et puissant. Pour augmenter ou réduire la profondeur de la pénétration, la femme peut faire bouger sa jambe le long du corps de son compagnon.

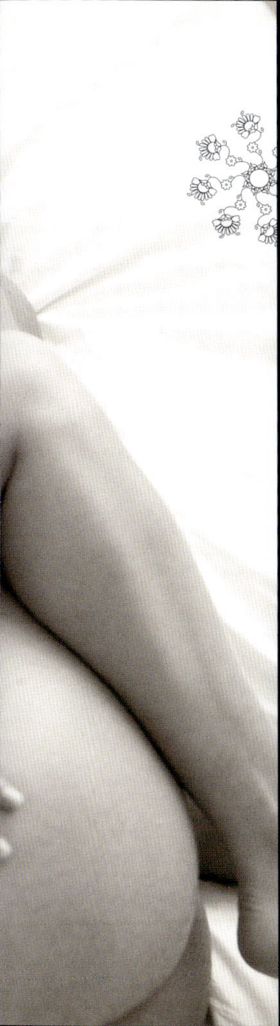

# 07

## L'Étreinte des cuisses

L'homme est allongé sur le côté, entre les cuisses de la femme. Elle place une jambe sous lui et l'autre au-dessus. Il a ainsi l'impression d'être étroitement lié à sa partenaire, aucun des deux ne domine l'autre. Ainsi, la femme peut aisément stimuler son clitoris et lui peut masser ses seins. Cette position offre la possibilité de se regarder et de s'embrasser. Il en existe de nombreuses variantes qu'il faut explorer afin de trouver celle que l'on préfère. Par exemple, les deux amants peuvent écarter légèrement leurs bustes afin de former un V, pour augmenter la pénétration.

08

# La Position transversale

Le couple est allongé sur le côté, face à face. L'homme soulève sa jambe et la pose sur la hanche de sa partenaire. Afin d'augmenter l'érotisme de cette position, le ventre et les organes génitaux de la femme peuvent être enduits d'huile de massage, les corps glissent ainsi plus facilement

l'un contre l'autre (cette technique est déconseillée si l'on utilise un préservatif car l'huile peut l'endommager). Cette position est idéale pour les couples qui débutent leur vie sexuelle, car elle permet de mettre en confiance.

# Nourrir les sens

Partager de la nourriture avec votre partenaire peut devenir un acte sensuel, intime et même sacré. L'objectif est de réveiller les sens, il faut donc accorder le plus grand soin au choix des aliments, à leur texture, à leur goût, ainsi qu'à leur arôme. Essayez des mets subtils tels que des asperges, des huîtres, des kiwis, du miel, du caviar, de la crème et des raisins. Délaissez les couverts et préférez manger avec les doigts !

Asseyez-vous nus sur le sol, ou sur un tapis, dégustez un premier aliment et laissez votre palais découvrir les sensations. Caressez la peau d'un kiwi, puis ouvrez-le et respirez le parfum de la chair avant de laisser couler le jus sur votre langue, sur votre menton. Vous pouvez échanger des fruits, raisins ou fraises, d'une bouche à l'autre. Lorsque vous avez touché, humé et goûté les douceurs du palais, faites de même avec les corps.

er

uster

spirer

# 09

## La Roue du Kama

L'homme est assis sur le sol ou sur le lit, les jambes tendues devant lui ; la femme s'assoit sur ses cuisses, à califourchon. Chacun se tient à son partenaire par le haut du corps. C'est une alternative à la position couchée et l'homme peut, après un moment, basculer directement sur le dos en entraînant sa compagne sur lui. À l'inverse, la femme peut s'étendre sur le dos pour exposer son clitoris et, alors qu'il reste en elle, son compagnon peut l'amener à l'orgasme avec ses doigts, notamment avec le pouce.

# 10

# Les Rameurs

Cette position peut faire suite à la précédente (la *Roue du Kama*) ou en être, au contraire, la première étape. Mais au lieu de s'accrocher aux bras de leur partenaire, les amants se tiennent par les chevilles, les pieds et les tibias, en fonction de ce qui est le plus confortable.

Cela permet à l'un et à l'autre de naviguer plus facilement d'avant en arrière. La femme peut légèrement soulever son bassin, faisant porter son poids sur ses mains et ses pieds, de manière à pouvoir masser le bout du pénis avec son vagin.

## Le Nœud

La femme est allongée sur le dos et glisse des coussins ou des oreillers sous son bassin. Ses genoux sont pliés et ses pieds posés à plat. L'homme la pénètre assez haut. L'usage des coussins peut ainsi améliorer une position habituelle. On peut jouer sur leur nombre et leur position jusqu'à trouver la combinaison idéale.

# 12

# La Position contraire

L'homme est étendu sur le dos et la femme s'allonge sur lui, les seins contre son torse et les mains contre sa taille, ses hanches ou ses cuisses. L'*Ananga Ranga* apprend à la femme à bouger ses hanches. L'homme peut rester immobile ou la guider avec

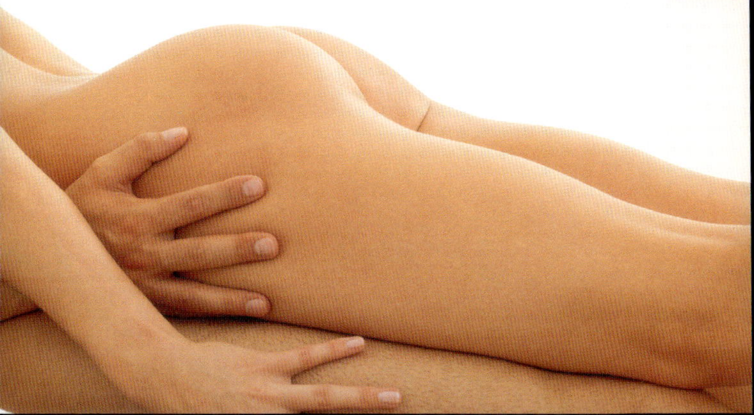

ses mains. Pour être plus stable, la femme peut aussi poser ses mains à plat sur le lit et mettre ses pieds sur ceux de son partenaire, afin de pousser contre eux. Plus elle se place haut sur son corps, plus la friction du clitoris est importante.

# Prendre le temps

**Lorsqu'on est avec son conjoint depuis longtemps, il est facile de tomber dans une routine qui empêche la sexualité d'être une expérience satisfaisante. L'exploration sensuelle permet donc de ralentir l'acte sexuel afin de se concentrer sur les sensations procurées par chaque geste. C'est un excellent moyen de découvrir l'art de l'érotisme et, si votre vie sexuelle connaît quelque difficulté, cela permettra de la redynamiser.**

Assurez-vous que vous disposez de temps et d'intimité. Ne cherchez pas à atteindre l'orgasme, ni même à avoir un rapport complet, contentez-vous de toucher votre partenaire à des endroits inhabituels. Soyez joueur et aventureux. Explorez le corps de l'autre avec les mains ou la langue. Lorsque vous caressez, cherchez à produire de nouvelles sensations, et lorsque l'on vous touche, laissez-vous submerger par les stimuli tactiles.

# 13
## Première position

**La femme est allongée sur le dos et lève ses jambes, les genoux pliés. L'homme la pénètre par le haut. Il peut bouger librement en elle et elle peut accroître l'intensité des sensations au niveau des parties génitales, ou en créer de nouvelles, en écartant, en levant ou en baissant les jambes. Cette position facilite l'échange des regards.**

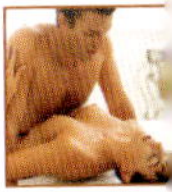

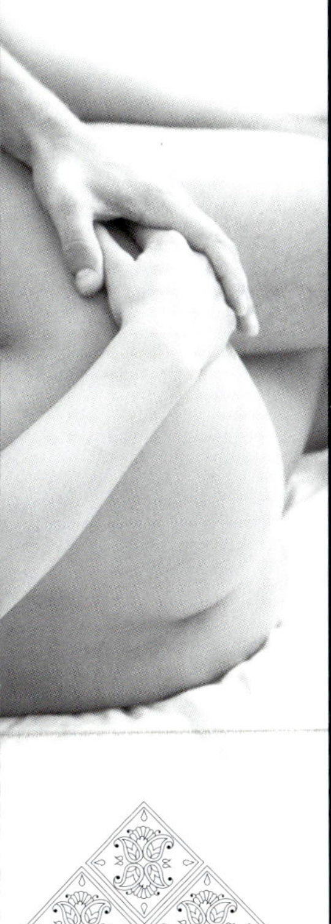

# 14

## Cinquième position

La femme est allongée sur le côté, l'homme se place entre ses cuisses et la pénètre. Être étendu côte à côte est une position dite paresseuse, car les deux amants reposent sur le lit. Mais elle peut entraîner une succession de mouvements dynamiques, car on peut rouler dans un sens ou dans l'autre pour que l'homme passe au-dessus (voir p. 44-45), puis la femme. Dans cette dernière position, celle-ci peut s'asseoir et l'homme a alors la possibilité de stimuler son clitoris de la main. La *Cinquième position*, langoureuse et sereine, facilite les baisers et les caresses, et procure un profond sentiment de tendresse. Elle peut être conservée dans le repos qui suit le coït.

# 15

## Huitième position

**La femme est allongée sur le dos et l'homme s'agenouille à califourchon sur elle. Il la pénètre alors librement car ses jambes sont à l'extérieur. Il peut s'allonger, ou encore tenir son pénis d'une main et le guider du vagin vers le clitoris afin de caresser ce dernier par des mouvements circulaires. C'est une position très excitante pour les deux partenaires.**

# Les massages

Avant de masser son partenaire, on peut expérimenter sur soi les gestes du massage pour connaître les sensations de chacun d'entre eux. Commencez par glisser la paume de la main sur votre peau en exerçant une légère pression du pouce. Puis, frôlez-la du bout des ongles. Pincez légèrement et faites rouler la chair entre le pouce et les autres doigts. N'hésitez pas à utiliser des accessoires de massage : lotion, huile végétale,

pincer

frôler

gant ou appareil vibrant. Apprenez à vous masser vous-même la tête : du bout des doigts, dessinez de petits cercles sur le cuir chevelu en exerçant une pression légère. Avec le « talon » de la main, massez la zone sensible autour des oreilles. Détendez-vous, prenez votre temps. Il n'est pas nécessaire de bien maîtriser les techniques. Répétez souvent ces mouvements pour qu'ils deviennent souples, réguliers, fermes et agréables.

# rouler

# 16
## La Tortue

**L'homme et la femme sont assis l'un en face de l'autre. Chacun place sa cuisse droite sur la cuisse gauche de son partenaire et le prend dans ses bras. Nefzaoui conseille aux couples de se balancer d'avant en arrière afin de créer un mouvement qui accompagne celui des sexes. C'est une position affectueuse, acrobatique et amusante.**

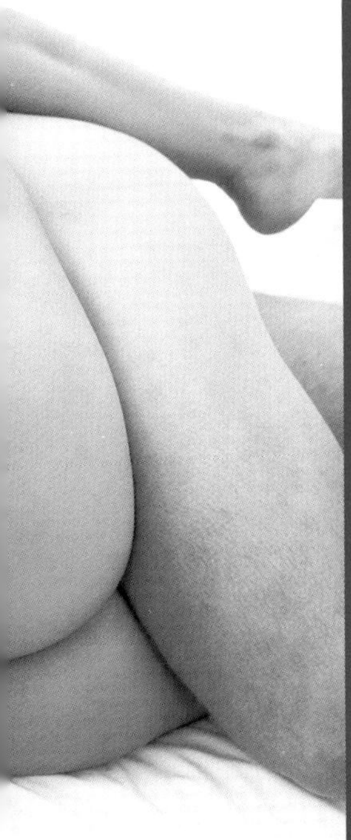

# 17

## L'Union du boa

Les deux partenaires sont étendus sur le côté. La femme pose sa jambe droite sur la hanche de l'homme, et il allonge la sienne entre ses jambes à elle. C'est une position intime et délicate, idéale pour un échange sexuel lent, agrémenté de baisers tendres et fougueux. Vous pouvez adopter cette position après une fellation, la femme remonte alors en glissant le long du corps de son partenaire. Pour accélérer le rythme érotique, on peut s'effleurer mutuellement les fesses du bout des ongles ou sucer les doigts de l'autre en suivant le rythme de pénétration du pénis dans le vagin.

# 18

## Onzième position

La femme est étendue sur le dos avec un coussin sous les fesses. L'homme s'allonge délicatement sur elle. Celle-ci referme ses jambes autour de lui, laisse ses genoux tomber sur le côté, puis joint ses pieds l'un contre l'autre. Il peut alors la pénétrer. Il se révèle parfois plus confortable qu'elle joigne les pieds seulement après la pénétration. Cette position classique favorise une pénétration profonde et très stimulante pour elle. En outre, si, durant le coït l'homme presse son bassin contre sa partenaire, elle profitera, à chaque poussée, d'une friction du clitoris bien plus importante.

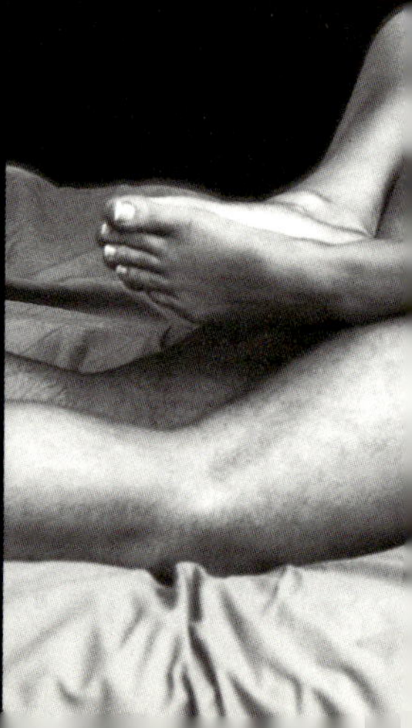

L'Union adossée • L'Union suspendue • La Levrette
• La Liane • La Cigogne • Neuvième position
• L'Union des amants • La Position du Y

# Rapide et passionné

# 19

## L'Union adossée

**C'est une position rapide et classique qui ne nécessite pas de se déshabiller totalement. La femme s'adosse à un mur et l'homme presse son corps contre le sien. Elle enroule sa jambe contre lui, le plus haut possible pour faciliter la pénétration. Si vous aimez faire l'amour sous la douche, essayez cette position.**

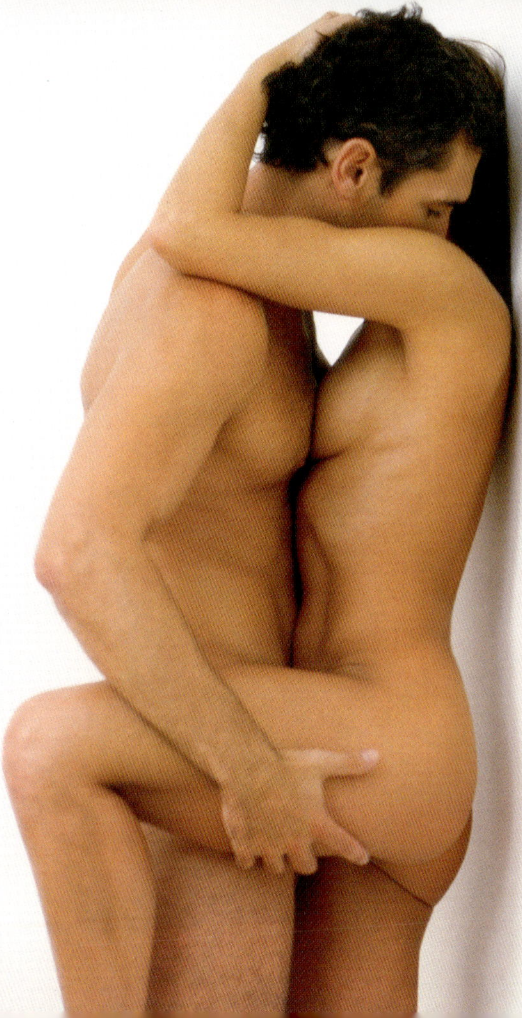

# 20

## L'Union suspendue

**L'homme se place contre un mur et soulève la femme en la soutenant par les fesses. Elle bouge de haut en bas en prenant appui sur le mur avec ses pieds. Cette position permet un échange sexuel rapide lorsque l'excitation est intense. Si elle ne peut être tenue longtemps, l'homme s'agenouille et passe alors à l'*Union du tigre* (voir p. 24-25).**

# 21

## La Levrette

**La femme se penche et prend appui au sol. L'homme la pénètre par derrière. Cette position animale suggère des sentiments puissants de domination pour l'homme et de vulnérabilité pour la femme. Le fait de ne pas voir le visage de l'autre induit un sentiment d'anonymat très excitant. On peut laisser libre cours à ses fantasmes les plus sauvages.**

# 22
## La Liane

**L'homme porte sa partenaire de telle manière que ses genoux reposent dans le creux de ses coudes. Elle enroule ses bras autour du cou de son amant : être portée complètement lui procure une grande jouissance. Cette position demande une bonne endurance de la part de l'homme, mais il prend ainsi plaisir à exposer sa force virile.**

# Le muscle de l'amour

Si les deux partenaires sont dotés d'un bon muscle pubo-coccygien (PC), ils pourront accroître les sensations du coït. Car lorsque le vagin enserre fermement le pénis, l'éjaculation est retardée et les répercussions de l'orgasme sont alors plus intenses pour les deux. On peut localiser ce muscle en interrompant la miction lorsque l'on urine. Pour le renforcer, la femme peut effectuer régulièrement l'exercice suivant : crisper son muscle aussi longtemps que possible et le relâcher. Elle peut aussi masser le pénis de son compagnon en le contractant par intermittence pendant l'acte sexuel. Lorsque la femme le contrôle parfaitement, elle est alors capable de resserrer le vagin autour du pénis. De son côté, l'homme peut utiliser le sien pour prolonger le coït ; lorsque l'éjaculation se fait plus pressante, il le contracte fermement en respirant profondément.

ations

# 23
## La Cigogne

**Cette position ne demande aucun ou peu d'effort ; la femme se serre contre son compagnon et lève une jambe le long de son corps afin qu'il puisse la pénétrer. S'il est grand et elle plus petite, l'angle de pénétration sera faible. Mais l'homme peut aller plus profond s'il plie les genoux ou si la femme se place sur une surface plus élevée.**

# 24

## Neuvième position

Les deux partenaires sont à genoux sur le sol, sur une pile de coussins ou d'oreillers pour plus de confort. La femme se penche en avant contre le pied du lit ou d'un canapé alors qu'il la pénètre par derrière. Il peut alterner entre des poussées profondes et d'autres plus légères. L'important est de se sentir libre de faire autant de bruit qu'on le souhaite.

# 25
## L'Union des amants

**Les partenaires sont face à face et se tiennent par la taille. La femme éloigne son buste et écarte les pieds. Si les deux partenaires sont de taille égale, la position se révèle être l'une des plus érotiques parce qu'elle peut se réaliser rapidement. Lorsque la femme est beaucoup plus petite que l'homme, elle peut se placer sur une surface surélevée.**

# 26

## La Position du Y

**Dos à un mur, l'homme soulève sa partenaire. Comme dans l'*Union suspendue*, elle passe ses jambes autour de la taille de son amant et prend appui sur le mur. De ses mains, il guide le corps de la femme. S'il fatigue, il peut se retourner pour qu'elle s'adosse au mur. Cette position est idéale pour un baiser passionné au milieu du coït.**

La Position béante • La Position béante (2) • L'Ânesse • La Position d'Indrani • L'Indra • L'Arbre à fruits • La Position en V • L'Union de l'éléphant • La Position de la tige • La grande Abeille • La Position en tailleur • Deuxième position • La Position en palier • Sixième position • La Balançoire

# Profond et érotique

# 27
## La Position béante

**La femme est allongée sur le dos et lève les jambes à la verticale le long du corps de l'homme. Il peut saisir ses mains lorsqu'il la pénètre ou prendre appui sur ses pieds et les écarter doucement, cela lui donnera l'impression qu'elle s'ouvre à lui. Cette position nécessite une bonne souplesse de la femme au niveau de l'aine.**

# 28

## La Position béante (2)

Il faut partir de la position précédente. La femme ramène ensuite ses genoux sur la poitrine et fait reposer ses pieds sur les épaules de l’homme. Celui-ci doit alors commencer à pousser doucement et lentement. Elle peut lui faire part de ses impressions, lui dire ce qu’elle aime et lui demander d’accélérer ou de ralentir.

# 29
## L'Ânesse

**Il s'agit plus d'une technique que d'une position. Après la pénétration, la femme contracte son muscle pubo-coccygien (voir p. 68-69), de telle manière que l'homme sente la contraction du vagin autour de son pénis. On peut la pratiquer dans n'importe quelle position, mais elle fonctionne bien lorsque la femme s'assoit sur les genoux de son partenaire en lui tournant le dos.**

# 30

## La Position d'Indrani

Dans le *Kama Sutra*, la position dans laquelle la femme, allongée sur le dos, replie ses jambes contre sa poitrine, est particulièrement recommandée à l'homme-lièvre (avec un petit pénis), parce qu'elle permet à sa compagne de se sentir profondément pénétrée. En revanche, l'homme-cheval (avec un grand pénis) doit veiller à ne pas faire souffrir sa partenaire en heurtant le col de son utérus. Il est préférable de pousser lentement et d'attendre que la femme soit très excitée, car le vagin s'agrandit et l'utérus se soulève au sommet de l'excitation, laissant ainsi plus de place au pénis. Il ne sera peut-être pas possible d'avoir un rapport rapide et fougueux, mais de nombreux couples considèrent cette position comme la plus intense. Essayez de ne communiquer qu'avec les yeux.

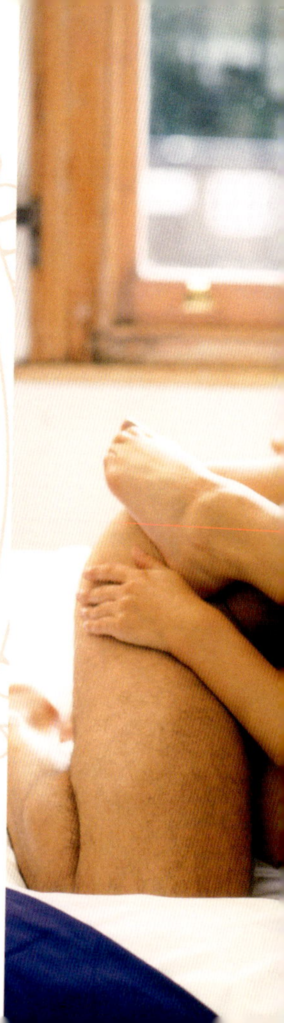

## Le toucher

Pour caresser et effleurer le corps de son amant, il est bon de multiplier les sensations avec les mains, les cheveux, les pieds, les coudes, les ongles, les dents et la langue. Variez les positions afin de créer des stimuli subtils. Servez-vous de la respiration pour un contact délicat ; léchez une ligne imaginaire le long de sa nuque, ou toute autre partie sensible du corps, puis soufflez délicatement sur cette zone. Fabriquez une « boîte à jeux », que vous remplirez d'accessoires : écharpe en soie, balle de tennis, collier de perles..., et utilisez-les pour tester le sens du toucher de votre compagnon. Effleurez l'intérieur des cuisses avec les ongles, faites glisser un glaçon sur ses seins, passez un pinceau doux sur son pénis, donnez de légers coups de langue à l'intérieur de ses poignets ou mordillez le bout de ses doigts. Osez masser de nouvelles zones du corps, le lobe des oreilles ou la paume des mains.

ffler

masser

# 31
## L'Indra

**La femme est allongée sur le dos et replie ses cuisses le long de sa poitrine. L'homme s'agenouille, soulève le bassin de sa partenaire et la pénètre. La femme peut aussi pimenter les ébats en mettant ses mains entre ses cuisses pour attraper la taille de son compagnon. Cela lui permet de le pousser et de le tirer contre elle.**

# 32

## L'Arbre à fruits

**Il faut partir de la position de l'*Indra* (voir p. 90-91). Puis, la femme étend l'une de ses jambes à la verticale. Cela modifie les sensations en augmentant l'ouverture du vagin et offre une pause dans l'intensité d'une pénétration profonde. Dans cette position, elle peut également caresser son clitoris pour accentuer la montée du plaisir.**

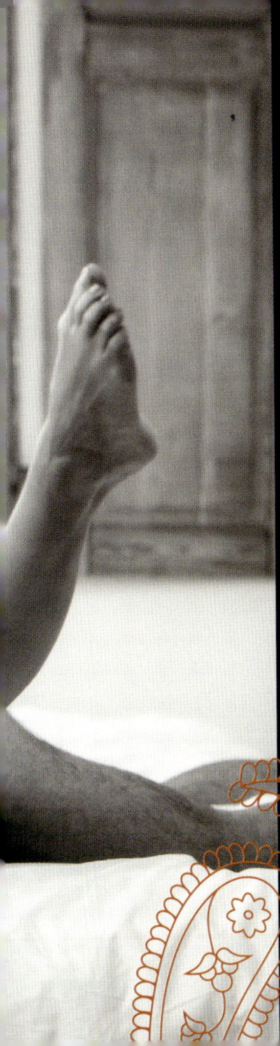

# 33

## La Position en V

La femme est étendue sur le dos, les jambes formant un V en l'air, (l'ouverture doit être la plus grande possible) et l'homme se penche en avant pour la pénétrer. Elle peut cependant jouer sur l'angle du V pour voir ce qui lui convient le mieux. L'avantage de cette position réside dans la possibilité pour lui de reculer ensuite son buste pour regarder son pénis. Si la profondeur de pénétration est trop intense pour elle, la femme peut plier les genoux et poser ses pieds à plat sur le lit. Si, au contraire, elle veut augmenter l'angle de pénétration, elle peut replier ses genoux le long de sa poitrine.

# 34
# L'Union de l'éléphant

La femme est étendue sur le ventre, l'homme s'allonge sur elle et la pénètre par derrière. Un ou plusieurs coussins placés sous son bassin favorisent l'accès de la cavité vaginale. Pour accroître la profondeur de la pénétration, la femme peut écarter les jambes au maximum.

Si elle n'en ressent pas la nécessité, elle peut au contraire serrer les cuisses assez fort pour intensifier son plaisir et celui de l'homme. Les pénétrations par l'arrière renvoient aux positions animales et cet imaginaire du coït accentue le plaisir de cetains couples.

# Satisfaire le *yoni*

**En sanskrit, *yoni* signifie le « passage divin » et représente le sexe féminin. L'homme doit apprendre à caresser cette zone délicate. Il peut enduire l'une de ses mains d'huile de massage et presser la paume contre la vulve de sa compagne afin qu'elle sente se diffuser en elle un profond sentiment de bien-être. Il peut ensuite le caresser d'avant en arrière et le masser, puis ouvrir délicatement les lèvres afin de glisser un doigt à l'intérieur du vagin**

pre

stimul

# glisser

(quand le plaisir de la femme monte, il insère alors deux ou trois doigts). Il explore ensuite la cavité vaginale par des mouvements verticaux et circulaires. Puis, il retire ses doigts et, sans rompre le contact, dessine des petits cercles autour et sur le clitoris. Enfin, lentement, il introduit à nouveau ses doigts dans le vagin en posant la pulpe du pouce sur le clitoris afin que les va-et-vient de la main les stimulent de concert.

# 35

## La Position de la tige

La femme est allongée sur le dos, lève les jambes à la verticale et serre les cuisses étroitement. Elle repose ses jambes sur une épaule de son partenaire ou le long de son corps. L'homme peut alors se tenir à ses cuisses pour pousser, ou encore glisser les mains sous ses fesses et la soulever légèrement. Dans cette position, elle peut contracter fermement son muscle pubo-coccygien autour du pénis (voir p. 68-69). Certaines femmes estiment d'ailleurs que cette contraction est plus facile ainsi, lorsque les cuisses sont rapprochées.

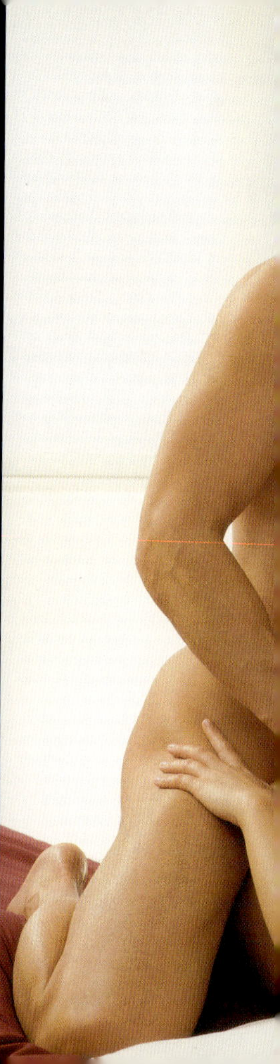

# 36

## La grande Abeille

L'homme est étendu sur le dos et la femme s'accroupit sur lui. Une fois qu'il est en elle, elle rapproche ses genoux. L'*Ananga Ranga* conseille à la femme de chevaucher son amant en décrivant un mouvement circulaire avec la taille. Une variante de cette position suggère que la femme ouvre les jambes et se penche en avant pour poser les mains sur le torse de son compagnon. Elle peut ainsi se soulever et s'abaisser sur le pénis, et lui peut l'aider en guidant les mouvements de ses mains.

# 37

## La Position en tailleur

Il faut commencer par une position où l'homme est étendu sur le dos et où la femme s'assoit à califourchon sur lui pour qu'il la pénètre. Il croise ensuite les jambes, puis se redresse en position assise. Il se retrouve alors en tailleur avec sa partenaire sur les genoux, qui allonge les jambes derrière lui. Il peut ensuite poser les mains sur ses épaules. Dans cette position, il est possible de bouger librement, mais il est aussi très agréable de laisser les corps se fondre l'un dans l'autre et de s'embrasser passionnément. Si la femme aime les jouets sexuels, elle peut utiliser un vibromasseur pour stimuler son clitoris. Dans le cas contraire, elle s'allonge sur le lit et il la caresse.

# Satisfaire le *lingam*

**En sanskrit, *lingam* signifie « pierre dressée » et représente le phallus. La femme doit apprendre à le caresser. Elle enduit ses mains d'huile de massage, puis en pose une sur le pénis de l'homme et l'autre sur ses testicules. Elle entoure ensuite le sexe de ses deux mains et le fait rouler doucement entre ses paumes. Elle croise ses doigts et joint les poignets de manière à l'encercler complètement. Si la verge est assez**

nduire

sir

er

longue, ou en érection, elle pose ses pouces sur le frein, cette languette de peau qui attache le prépuce au gland. Elle resserre la prise et fait glisser ses doigts croisés le long de la verge et sur le gland. Il faut varier la pression et la vitesse, et même effectuer un léger mouvement circulaire. Elle peut aussi, du bout de l’index, dessiner une ligne depuis le haut du gland jusqu’à l’anus, ou tenir la base du pénis pendant que le pouce de l’autre main masse le frein.

# 38
## Deuxième position

**La femme doit être particulièrement souple car elle est étendue sur le dos et lève les jambes jusqu'à ce que ses orteils soient au-dessus de ses oreilles. L'homme s'allonge sur elle et la pénètre. Dans cette position, les hommes vigoureux doivent se montrer délicats car le vagin est contracté, une poussée violente pourrait devenir inconfortable.**

# 39

## La Position en palier

**La femme est allongée sur le dos et place ses jambes sur les épaules de l'homme agenouillé devant elle. Son bassin est surélevé, en appui sur les cuisses de son amant. Dans cette position, le pénis est parfaitement en face du vagin. Elle peut ainsi se caresser les seins ou le clitoris, et guider son partenaire sur la vitesse et la profondeur de pénétration.**

# 40

## Sixième position

**La femme se place en appui sur les genoux et les coudes. L'homme, agenouillé derrière elle, la pénètre. Il a le choix entre tenir ses fesses, caresser ses seins ou balancer doucement son corps d'avant en arrière. Elle peut approfondir la pénétration en baissant le buste ou en le relevant, son corps étant alors parallèle à celui de son partenaire.**

# 41

## La Balançoire

L'homme est allongé et la femme s'assoit sur lui de dos, puis guide son pénis en elle. Il plie les genoux et la presse entre ses cuisses. Puis, elle se penche en avant et se met en appui sur ses mains. Chacun peut ainsi voir la courbe des fesses de l'autre. Si elle bouge d'avant en arrière, ils entrevoient tous les deux le ballet du pénis à l'intérieur du vagin. Dans une variante de cette position, la femme se redresse et se tient aux genoux de son amant. Il caresse ses fesses et effleure son dos du bout des doigts afin de lui procurer un frisson de plaisir à l'approche de l'orgasme.

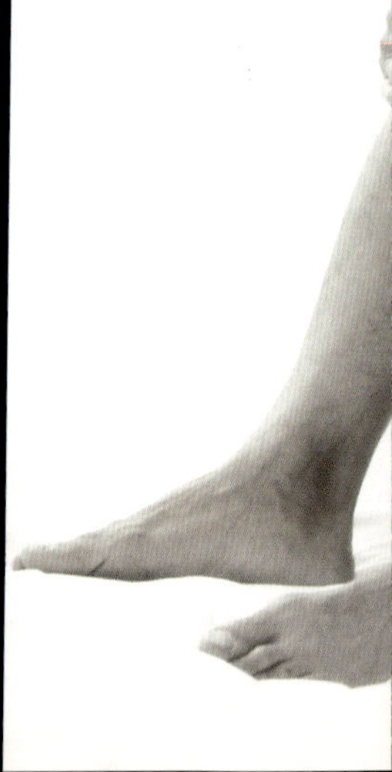

La Boîte • Planter des clous • Le Bambou • Le Lotus • La Position soulevée • La Position assise • Troisième position • Septième position • Dixième position • La Cavalière • L'Union du scorpion

Aventureux
et excitant

# 42
## La Boîte

**Étendue sur le dos, la femme lève les jambes, les croise et, après la pénétration, les pose sur les épaules de son partenaire. Celui-ci peut y prendre appui comme sur un mât. Dans cette position, la femme a une mobilité réduite et semble soumise. Ce rapport de domination est un élément particulièrement excitant pour de nombreux couples.**

# 43
## Planter des clous

**Dans cette position ludique, la femme étend une jambe sur le lit et pose le talon opposé sur le front de son compagnon. Le pied levé joue ainsi le rôle d'un marteau plantant des clous dans un mur. Afin qu'elle puisse garder le pied ainsi, l'échange amoureux doit être lent et délicat plutôt que rapide et vigoureux.**

# 44

# Le Bambou

Dans cette position dynamique, la femme change la place de ses jambes tout au long de l'acte sexuel. Elle commence par en poser une au-dessus de l'épaule de son amant en laissant l'autre étendue sur le lit. Puis, elle inverse les deux (il peut l'aider et guider ses mouvements). Il est intéressant d'inverser les jambes aussi

longtemps que l'on peut tenir la position. Le principal avantage du *Bambou* réside dans la modification permanente de l'angle entre le pénis et le vagin, offrant ainsi une grande variété de sensations. Selon la souplesse de la femme, l'homme peut s'allonger sur elle ou simplement rester à genoux, le buste droit ou légèrement incliné.

# 45

## Le Lotus

Le *Lotus* est une posture de yoga qu'il faut savoir pratiquer seul pour pouvoir l'utiliser durant l'acte sexuel. Il s'agit de s'asseoir les jambes repliées, chaque pied reposant sur la cuisse opposée. Tenir cette posture, même pour un temps court mais de manière régulière, améliore la flexibilité des hanches et du bassin. Si la femme maîtrise le *Lotus* sans souffrir, elle peut se placer dans cette position, puis s'allonger et laisser son amant la pénétrer. Certaines d'entre elles aiment son caractère compact durant l'acte sexuel. Si vous trouvez la posture délicate ou inconfortable, faites un demi-lotus (un seul pied sur la cuisse et l'autre en dessous) ou contentez-vous de croiser les jambes.

# Plaisir oral pour elle

L'homme peut expérimenter des caresses buccales, puis demander à sa compagne ce qu'elle a ressenti. Celle-ci peut aussi lécher ou sucer le bout des doigts de son compagnon comme elle aimerait le voir stimuler son clitoris. Voici néanmoins quelques conseils pour le cunnilingus.

- Jouez avec la langue, d'avant en arrière et de gauche à droite sur le clitoris.
- Pressez les lèvres autour du prépuce clitoridien et sucez, puis utilisez la langue pour titiller, lécher ou caresser.

## la langue

- Relâchez la langue et donnez de larges coups pour caresser toute la zone.
- Utilisez la pointe de la langue pour dessiner de petits cercles autour du clitoris, tout en variant la vitesse.
- Placez l'index et le majeur à plat de chaque côté du prépuce, pressez-les afin de pousser le clitoris vers le haut, puis léchez-le délicatement.
- Utilisez la langue sur le clitoris en introduisant le majeur dans le vagin pour masser jusqu'à l'orgasme.

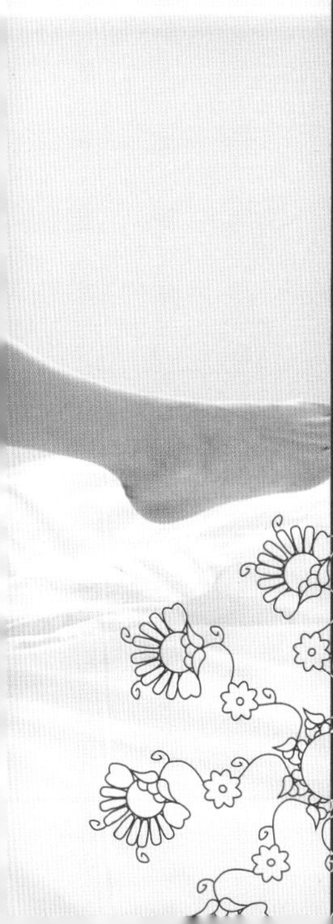

# 46

## La Position soulevée

L'homme est assis, les jambes tendues devant lui. La femme s'assoit sur lui, les jambes accrochées à ses coudes afin que ses pieds ne reposent pas au sol. Elle est penchée en arrière, mais son compagnon la soutient de ses bras. L'*Ananga Ranga* suggère que l'homme soulève légèrement la femme et la balance de gauche à droite (et non de bas en haut) sur son pénis jusqu'au « moment suprême ». La femme peut l'alléger d'une partie du poids de son corps en se penchant légèrement en arrière et en prenant appui sur ses mains.

# 47

# La Position assise

L'homme est étendu sur le dos et la femme s'assoit sur lui, les jambes en tailleur. Chacun des partenaires peut contrôler le rythme et la vitesse des mouvements. Lui peut attraper la taille de sa compagne et la faire bouger

d'avant en arrière. Elle peut se mouvoir ou serrer son muscle pubo-coccygien. L'homme bénéficie ainsi d'une autre source d'érotisme en la regardant monter vers l'orgasme.

# 48

## Troisième position

**L'homme se place au-dessus de sa partenaire avec l'une de ses jambes sous son bras et l'autre posée sur son épaule. Bien qu'elle ne soit pas libre de ses mouvements, la femme peut balancer ses hanches et contracter son vagin. Elle a, dans cette position, la possibilité de caresser elle-même ses seins et son clitoris.**

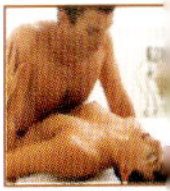

# 49

## Septième position

L'homme s'agenouille devant sa compagne, étendue sur le lit. Celle-ci lève une jambe et la pose sur son épaule. Nefzaoui précise que la femme doit se placer légèrement de côté pour la pénétration. Sauf si celle-ci est extrêmement souple, la position est souvent plus facile lorsqu'elle est sur le dos. Si vous voulez essayer cette position en étant de côté, aidez-vous en attrapant le pied de la jambe levée et tirez-le vers vous afin de rendre la cavité vaginale plus accessible.

# Plaisir oral pour lui

Selon le *Kama Sutra*, la fellation parfaite compte huit étapes, à réaliser l'une après l'autre. Demandez à votre compagnon celle qu'il préfère.

- L'union nominale : tenez le pénis dans la main et caressez-en le haut avec les lèvres et la langue.
- Les petites morsures : maintenez l'extrémité de la verge, caressez-la avec le nez et mordillez ses flancs.
- La pression extérieure : pressez les lèvres autour du gland et sucez-le.

mordre

- La pression intérieure : introduisez la plus grande partie du pénis dans la bouche et resserrez les lèvres.
- Les baisers : tenez le pénis dans la main et couvrez-le de baisers.
- La langue habile : léchez le pénis et enroulez la langue autour du gland.
- La succion de la mangue : introduisez la moitié du pénis dans la bouche, puis sucez-le avec force.
- La promesse : mettez le pénis entier dans votre bouche et sucez-le.

# & sucer

# 50

## Dixième position

**La femme est allongée sur le dos, se tenant fermement à la tête de lit, et enserre les hanches de son amant entre ses jambes. Il la pénètre alors en soulevant son pelvis. Elle utilise les muscles des jambes pour pousser son corps vers l'avant. L'homme synchronise la pénétration avec les poussées de sa compagne. Les mouvements sont assez difficiles.**

# 51

## La Cavalière

**L'homme est allongé, un coussin sous les épaules, et il replie les cuisses sur sa poitrine. Elle monte à califourchon sur lui et guide le pénis en elle. Elle bouge alors de bas en haut en pliant les genoux, l'homme peut la déplacer avec ses jambes, tandis qu'elle prend appui sur ses propres genoux. Elle peut se pencher et approcher son visage du sien.**

# 52

## L'Union du scorpion

La femme est étendue sur le côté et l'homme s'allonge en équerre derrière elle, entre ses jambes. Il place l'une ou les deux mains sur ses épaules. Elle attrape les pieds de son amant et les tire à elle. Ainsi enlacés, ils forment un nœud ou un arc. L'excitation de cette position vient de son caractère novateur. La femme peut accroître le plaisir en pressant et en massant les orteils de son partenaire qui, lui, peut faire courir ses mains dans le dos de sa compagne. Si vous appréciez le sentiment de liberté et le caractère anonyme de cette position, laissez libre cours à vos fantasmes.

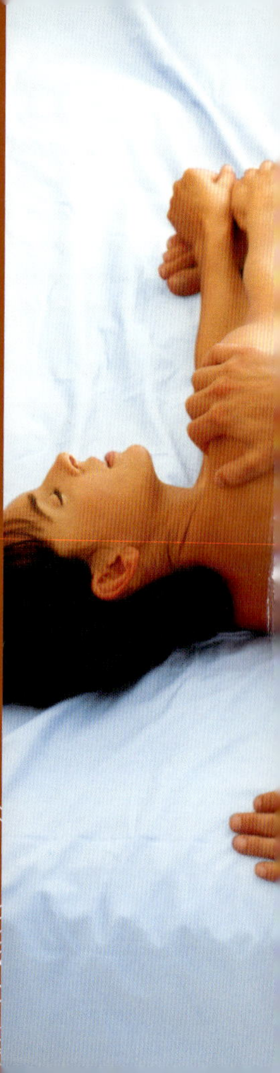